Monty
EINE MEHLMotte

Zwei Flügel und ein Saugrüssel

Silbergraue Vorder- und Hinterflügel mit braunem Muster

Grauer Körper

Als Baby war ich eine weiße Larve mit dunklem Kopf

! Hast du gewusst, dass ich als Larve Fäden spinnen konnte?

Was ich besonders **LECKER** finde:
Müsli, Mehl, Nudeln, Reis, Nüsse

Das kann ich **TIERISCH** gut:
Mich als Larve verpuppen (denn nur so konnte ich der schöne Schmetterling werden, der ich jetzt bin)

Was ich **GERNE** mache:
Tagsüber schlafen (ich bin nämlich nachtaktiv. Aber für dieses Abenteuer mach ich eine Ausnahme)

Was ich **GAR NICHT** mag:
Schlupfwespen, Spinnen, Lavendel und andere starke Gerüche

Darin bin ich **SPITZE**:
Im Verstecken

Smilla
EINE ZEBRA-SPRINGSPINNE

Meine vorderen Augen sehen wie eine Sonnenbrille aus

Acht Reine und acht Augen

Giftklauen

Schwarz-weiß gestreifter Körper

! Hast du gewusst, dass mein Spinnfaden meine Sicherheitsleine ist?

Was ich besonders **LECKER** finde:
Ameisen, Käfer und andere Insekten

Das kann ich **TIERISCH** gut:
Meinem zukünftigen Essen auflauern

Was ich **GERNE** mache:
Auf Hausmauern hocken

Was ich **GAR NICHT** mag:
Vögel, Fledermäuse, Libellen, Schlupfwespen (die kann Monty auch nicht leiden)

Darin bin ich **SPITZE**:
Im Springen! (denn so fange ich die köstlichen Insekten – ganz ohne Netz! Damit sie nicht weglaufen können, lähme ich sie mit meinem giftigen Biss. Für Menschen ist dieser aber ungefährlich)

Nachhaltigkeit weitergedacht:

Dieses Bilderbuch ist **ungiftig** und für den **biologischen Kreislauf** optimiert. Dank **Cradle to Cradle-Zertifizierung** können wir garantieren, dass sich nur gesundheitsfreundliche Inhaltsstoffe in unseren Büchern befinden. Sie hinterlassen keine giftigen Abfälle und sind **perfekt für kleine Kinderhände**. Dies ist die nachhaltigste Art Bücher zu produzieren.

Mit 💚 für Kinder und Natur.

Du möchtest mehr über Cradle to Cradle erfahren? Dann besuche uns auf neunmalklug-verlag.de/c2c

1. Auflage, 2024
ISBN: 978-3-945677-24-7

© 2024 neunmalklug verlag
Ölgasse 13
77933 Lahr
www.neunmalklug-verlag.de

Lektorat: Sarah Roller & Julia Chin
Gestaltung: Alice Immekeppel
Produktion: Charlotte Stiefel

Druck: Druckerei lokay e.K.
Gedruckt in Deutschland

Auf zum Lichterfest!

Ein tierisches Abenteuer durch die Stadt

Text: Sabi Kasper

Idee & Illustrationen: Nicole Pustelny

Für Karl und Johanna.
N. P.

Für Marie und Pauli sowie die Kinder der
Summer City Camps.
S. K.

Filbert Fliege sitzt am Küchenfenster und lässt sich die Sonne auf den Bauch scheinen. Endlich Montag!

„Die Luft ist rein, ihr könnt rauskommen. Die Fliegenklatscher sind wieder arbeiten." Filbert streckt sich genüsslich. „Zeit für Erholung!"

Monty Motte landet neben ihm und klopft sich das Mehl von den grauen Flügeln. „Das ganze Wochenende habe ich im hintersten Schrankwinkel gezittert, dass sie mich entdecken."

„Richtige Ungeheuer!", wettert Filbert. „Mit ihren gefährlichen Fliegenklatschen. Ständig auf der Jagd nach uns."

Monty gähnt. „Ich geh dann mal schlafen. Gute –" RUMMS!

Etwas Grünes knallt gegen die Scheibe. Kreischend springt Monty zur Seite. Auch Filbert zuckt zusammen. Jetzt liegt dieses grüne Etwas auf dem Rücken und strampelt mit den Beinen. Ein Käfer?

„Ist das der Auwald? Wo sind die Bäume?", murmelt das grüne Tier und rappelt sich auf. „Wo bin ich hier?" Erschrocken blickt es sich um.

„Geht es dir gut?", fragt Monty durch das gekippte Fenster.

„Mann, Monty!" Filbert rollt mit den Augen. „Wie würde es dir gehen, wenn du gerade gegen eine Scheibe gedonnert wärst?!"

„Stimmt. Aber was ist ein Auwald?", fragt Monty das grüne Tier. „Und wer bist DU überhaupt?"

„Ich heiße Winnifred." Sie streicht sich ihr Schildchen glatt und klettert durch den Fensterspalt hinein. „Der Auwald ist ein großer Wald an einem Fluss. Dort findet heute das Lichterfest statt. Wie jedes Jahr um diese Zeit."

„Lichterfest?" Nun spitzt auch Filbert die Ohren. „Ein magisches Schauspiel", haucht Winnifred verzückt. „Als würden die Sterne vom Himmel fallen. Doch diesmal werde ich das Lichterfest verpassen." Ihre Augen verdunkeln sich. „Alles nur, weil ich eine Abkürzung genommen habe. Kennt ihr vielleicht den Weg zum Auwald?"

Filbert, Monty und die anderen Küchenbewohner schütteln die Köpfe.

„Oje, oje, was mach ich bloß?" Winnifreds Schildchen beginnt nervös zu klappern.

„Igitt! Hier stinkt's plötzlich!" Filbert rümpft den Rüssel. „Hast du schon wieder gepupst, Monty?" Vom Kopf bis zu den Flügelspitzen läuft Monty rot an. „Ich? Nein. Nie!"

„Ähm, das war wohl ich", sagt Winnifred leise. „Das passiert mir immer, wenn ich gestresst bin. Entschuldigung!"

Monty boxt Filbert in die Seite. „Kannst du ihr nicht helfen? Du hast doch immer auf alles eine Antwort."

„Ich weiß zumindest, wen wir fragen können", sagt Filbert. „Mir nach! Zum Balkon!" Er flitzt durch die Küche auf den Gang.

Welche Tiere kommen gerne in die Küche?

Lösung S. 26

Freudig johlend fliegen ihm Monty und Winnifred hinterher.

„He!", kommt es aus dem Badezimmer. „Wer macht hier so 'nen Krach?"
Filbert verdreht die Augen. Immer dasselbe mit den Silberfischchen! Die ganze Nacht Party machen und morgens schlechte Laune haben.
Filbert, Winnifred und Monty düsen durchs Wohnzimmer. Durch die offene Balkontür schlüpfen sie hinaus.

Auf dem Balkon summt und brummt es. In Tontöpfen wachsen Kräuter, die einen würzigen Duft verströmen. Wo steckt sie bloß? Filbert sucht die Gemüsepflanzen und Blumenkästen ab. Nichts! Beim Eingang des Insektenhotels entdeckt er bloß ein paar Mauerbienen und einen Marienkäfer.
Monty lässt sich auf einer sternförmigen Blüte nieder. „Die ist aber hübsch!"
„Das ist Borretsch", sagt Winnifred. „Auch Gurkenkraut genannt."
Monty prustet los. „Wer denkt sich solche Namen aus?"

„Ich hab sie gefunden! Kommt!" Filbert deutet auf einen Blumentopf, der in der Ecke steht.
„Hortensia!", ruft er und eine besonders dicke Hummel zieht ihren Saugrüssel aus einer orangen Blüte. „Wer stört mich beim Nektar sammeln? Ah, du bist es, Fliegengewicht! Und wer sind deine Freunde?"
Nachdem Filbert seine beiden Begleiter vorgestellt hat, kommt er gleich zur Sache: dem Problem mit dem Lichterfest. Hortensia hört aufmerksam zu. „Der Auwald", erklärt sie schließlich, „ist auf der anderen Seite der Stadt. Dort gibt es herrlichen Rotklee."
„Kannst du Winnifred hinbringen?", fragt Filbert.
„Wie stellst du dir das vor, Fliegengewicht? Ich habe noch so viel zu tun." Hortensia zeigt auf die Blumenkästen. „Aber meine Freundin Smilla kann sicher helfen. Sie hängt am Vormittag immer bei der Schule rum. Einfach bei der Hauptstraße nach rechts abbiegen."
Die Wanzenaugen beginnen zu strahlen und das Schildchen vor Aufregung zu zittern.
„Hoffentlich pupst sie nicht wieder", murmelt Monty. Und lauter sagt er: „Na dann. Tschüss und gute –"
„Wir begleiten dich natürlich, Winnifred." Filbert dreht einen Looping. „Wir?" Monty verzieht die Fühler. „Ich dachte, du wolltest dich erholen."
„Das kann ich auch noch am Dienstag!"

Lösung S. 26

„Auf ins Abenteuer!" Begeistert schwirrt Filbert voran. Über den Dächern stößt ein Turmfalke kurze Schreie aus. „Ruhe! Du hast meine Kleinen geweckt!", klappert eine Storchenmutter ärgerlich vom Schornstein.

„Nicht so schnell, Filbert!", rufen Monty und Winnifred. „Nimm dich vor den Mauerseglern in Acht!" Doch Filbert fliegt unbeirrt weiter, vorbei an Wohnhäusern und parkenden Autos. Kastanienblätter säuseln im warmen Wind. Eine Klingel schellt schrill. Gleich darauf flitzt ein Radfahrer die Straße entlang. Beinahe wäre Filbert gegen dessen Fahrradhelm gekracht.
„Kannst du nicht aufpassen?"

Da steigt ihm ein süßlich würziger Geruch in die Nase. „Mhmm, Lindenblüten!" Schnell zieht Filbert den wunderbaren Honigduft ein. Und der Radfahrer ist vergessen.

„Ekelhaft!", hört Filbert eine Stimme schimpfen. Sie kommt aus den Grasbüscheln neben einem Baum, gegen dessen Stamm ein Pudel pinkelt. „Immer trifft es die Letzte!"
Neugierig lässt sich Filbert auf einem Kleeblatt nieder. Eine schwarze Wegameise schüttelt ihre nassen Antennen.
„Was glotzt du so?", fährt sie Filbert an. Mit ihren Mundwerkzeugen schnappt sie sich ein Apfelstückchen und bahnt sich den Weg durch das dichte Gras.
„Warte doch!" Erst jetzt bemerkt Filbert die anderen Ameisen, die bereits Richtung Gehsteig marschieren. Allesamt bepackt mit unterschiedlichen Lasten, die drei- bis viermal so groß sind wie sie selbst. „Wahnsinn! Ihr seid die Stärksten", sagt er anerkennend.
„Na klar", bestätigt die Ameise mit dem Apfelstückchen. „Was hast du denn gedacht? Die Zweibeiner?"

Außer Atem plumpsen Monty und Winnifred neben Filbert auf das Kleeblatt. „Hast du den Turbo eingeschaltet?", keucht Monty.
Da schießt ein Schwarm Spatzen an den dreien vorbei und fegt sie von ihrem Verschnaufplatz. Laut zeternd landen die Vögel in der Thujenhecke gegenüber.
„Schnell weg", flüstert Winnifred. „Zu viele hungrige Schnatterschnäbel."

Welche Vögel kennst du hier? Lösung S. 27

Auf der Hauptstraße biegt Filbert nach rechts ab, dicht gefolgt von Monty und Winnifred. Montys Augen werden groß. „Krass. Das habe ich …" Den Rest seiner Worte verschluckt das Brummen der Autos. Ein Lastwagen brettert über den Asphalt. Vor einer Baustelle bremst er quietschend ab. Hinter ihm ein Hupkonzert, das in Filberts Ohren wehtut. Es stinkt nach Abgasen und Teer.

„Kein Wunder, dass hier nicht mal Unkraut wachsen will!", sagt Monty. „Stimmt nicht!" Winnifred deutet auf den Gehweg. „Hier haben einige Pflanzen ihren Platz gefunden."

„Wie kommen wir zur Schule?", fragt Filbert eine andere Fliege, die gerade zu einer Königskerzenblüte segelt. „Über den Zebrastreifen", antwortet diese, während sie sanft landet.
„Streifen sind gefährlich", raunt Monty in Filberts Ohr. „Ich sag nur: Wespen!"

Bei der Schule angekommen, halten Filbert und Winnifred Ausschau nach Hortensias Freundin. „Smilla? Smiiiiiiilla!"
Monty macht es sich unterdessen auf der Mauer bequem. „Sucht gerne ohne mich." Er gähnt. „Zeit für ein Nickerchen."

Außer einer Nebelkrähe, die eine Nuss knackt, kann Filbert im Schulhof niemanden entdecken. Deshalb fliegen er und Winnifred in die Baumkrone einer Eiche, um alles besser überblicken zu können.
„Wie sieht diese Smilla eigentlich aus?", fragt Winnifred und Filbert zuckt mit den Schultern.
„AAAAAAAHHHHHHH!", brüllt Monty plötzlich. „HIIIIILFEEEEE!"
Wie ein Falke stürzt sich Filbert zu seinem Freund hinunter. Montys Gesicht ist bleich und seine Flügel schlottern. „Keinen Schritt weiter", zischt eine Spinne mit schwarz-weißen Streifen. Obwohl sie winzig ist, hat sie Monty mit ihren Giftklauen fest im Griff.
„Sofort loslassen!" Filbert funkelt die Spinne böse an. „Oder …" Fieberhaft überlegt er, wie er seinen Freund retten kann.
In diesem Augenblick trudelt Winnifred wie ein Ahornblatt vom Baum herab. Das ist es! So kann Filbert Monty befreien. „Oder", droht Filbert erneut und zeigt auf Winnifred, „sie pupst!"
Verwirrt hebt die Spinne den Kopf. Da wird sie schon in eine Stinkwolke eingehüllt.
„Pfui Teufel!" Die Spinne stolpert zurück. Sofort flüchtet Monty hinter Filbert.
„Niemand krallt sich unseren Freund!", schnaubt Winnifred. „Lasst uns weiterfliegen! Diese Smilla, von der Hortensia erzählt hat, ist sowieso nirgends zu finden."
Die Spinne runzelt die Stirn. „Ihr sucht MICH?"

Lösung S. 27

Welche Tiere leben im Teich? Lösung S. 28

Zur Freude von Filbert und Winnifred ist Smilla gleich bereit, sie zum Auwald zu bringen. Schließlich sind Hortensias Freunde auch ihre. Sagt sie zumindest. Nur Monty ist gar nicht begeistert. „Ich hab's gewusst, Streifen sind gefährlich!" Lieber hält er großen Abstand zu der Spinne, obwohl sie versprochen hat, ab jetzt die Giftklauen von ihm zu lassen.

„Wir müssen über den Teich dort", sagt Smilla.
Am Ufer werfen große und kleine Fliegenklatscher Brotkrumen ins Wasser. Quakend stürzen sich die Wasservögel darauf. Ein Goldfisch schnappt einer Mandarinente ein Brotstückchen weg.
„Ich möchte auch solche Leckerbissen kriegen", seufzt Monty.
„Köstlich sind sie ja", surrt eine Libelle, die auf einem Schilfhalm sitzt. „Aber die meisten bekommen Bauchweh davon."
„Habt ihr den Teich für euch alleine?", fragt Filbert die Mandarinente. Diese schüttelt den Kopf. „Unter Wasser leben noch mehr Tiere."

„Guckt mal!", ruft Winnifred entzückt. „Ein Boot! Damit kommen wir schneller ans andere Ufer. Außerdem wollte ich immer schon Steuerfrau sein." Vergnügt geht sie an Bord. Mit einem Satz ist Smilla bei ihr. „Dann bin ich Kapitänin."
„Wo sind die Schwimmwesten? Und der Rettungsring?" Monty ist etwas bleich um den Rüssel.
„Bleib einfach in meiner Nähe", beruhigt Filbert ihn und schiebt Monty an Deck.
„Volle Fahrt voraus!", ruft Smilla.

Zwischen Schilf und Seerosen hindurch schippern die vier hinaus. Das Wasser glitzert in der Sonne.
„Eine Seefahrt, die ist lustig, eine Seefahrt, die ist schön", singt Winnifred und die anderen stimmen ein. Sogar die Enten quaken fröhlich mit.
In der Mitte des Teiches wird das Wasser unruhig. Das Boot schaukelt auf und nieder. Filbert duckt sich hinter die Reling. „Der Wind macht aber hohe Wellen."
„Ich glaube", stöhnt Smilla, „ich werde seekrank."
„Das ist nicht der Wind", quietscht Monty und klammert sich an Smilla.
Im letzten Moment lenkt Winnifred das Boot nach rechts. Der Goldfisch, der aus dem Wasser geschossen ist, schnappt ins Leere. Maulend taucht er ins Dunkel des Teiches hinab.
„Das ist nochmal gut gegangen", murmelt Filbert.
Nachdem sie angelegt haben, hüpft Winnifred beschwingt an Land. „War die Bootsfahrt nicht himmlisch?" Wie auf Wolken schwebt sie zum Parkausgang. Monty, Smilla und Filbert taumeln hinterher.

Welche Tiere fühlen sich an den Gleisen besonders wohl? Lösung S. 28

Eine Zeitlang fliegen Monty und Filbert schweigend nebeneinander. Hinter ihnen summt Winnifred das Seefahrerlied. Smilla führt die Freunde an Wohnhäusern, Parkgaragen und einem Bahnhof vorbei.

„Wie weit ist es noch?", jammert Monty. „Meine Flügel tun weh!"
„Wir sollten eine Pause einlegen", stimmt Filbert zu. Aber wo? Überall sind wild wuchernde Büsche, verdorrtes Gras und jede Menge Steine. „Vielleicht dort drüben? Neben den braunen Dingern am Boden."
Die vier strecken sich auf einem Weidenröschen aus.

„Kribbeln eure Füße auch so komisch?", fragt Monty nach einer Weile.
„Kribbeln?" Winnifred blickt an sich hinunter. „Meine zittern wie Espenlaub. Ich kann sie gar nicht stillhalten."
Jetzt beginnen auch Filberts Füße wild hin und her zu wackeln. Und mit ihnen das ganze Weidenröschen. „Uaah!" Monty schwankt zur Seite und Winnifred rutscht ein Stück vom Blütenblatt.
„Erdbeben!", brüllt Filbert. „Festhalten!"

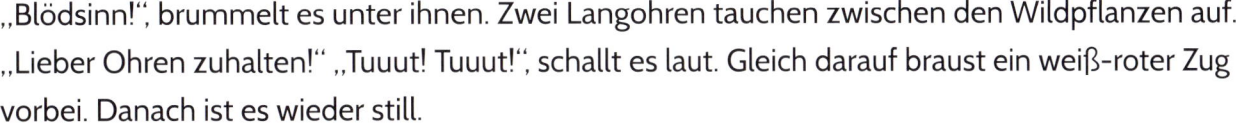

„Blödsinn!", brummelt es unter ihnen. Zwei Langohren tauchen zwischen den Wildpflanzen auf.
„Lieber Ohren zuhalten!" „Tuuut! Tuuut!", schallt es laut. Gleich darauf braust ein weiß-roter Zug vorbei. Danach ist es wieder still.
„Der kommt immer um diese Zeit, fährt nach Leipzig", sagt das Kaninchen und mümmelt an einem Brombeerblatt. „Und das stört dich nicht?" Filbert reibt sich die Ohren. Das Kaninchen schüttelt den Kopf. „Im Gegenteil. Dadurch werden wir in Ruhe gelassen."
„Stimmt." Zwei weitere Kaninchen gesellen sich dazu. „Außer den Schienenbauern kommen keine anderen Kurzohren vorbei. Finden es hier wahrscheinlich nicht gemütlich!"
„Dabei sollten sich die Kurzohren um diese Eindringlinge kümmern." Eine Zauneidechse deutet zum Schmetterlingsflieder und Götterbaum. „Die gehören hier gar nicht hin. Diese Zierpflanzen sind aus Gärten entwischt und jetzt überwuchern sie den gesamten Boden."
„Aber wie sind die hierhergekommen?", fragt Smilla. „Ich sehe weit und breit keine Gärten."
„Die Samen reisen mit dem Zug", sagt eine Erdkröte. „Mit dem Zug?", fragt Monty ungläubig.
Ein Hirschkäfer nickt. „Unvorstellbar, aber wahr."
„Heften sich einfach an die Wagenräder", erklärt das Kaninchen. „Und da, wo sie runterfallen, machen sie sich breit und nehmen anderen Pflanzen Platz und Licht weg."

Plötzlich trommelt, pfeift und schreit es. „Weißstorch-Aaalaaarm!" Die Wildtiere flüchten in alle Richtungen. „Schnell, versteckt euch!", ruft Winnifred und breitet die Flügel aus. „Hier drunter."

Zum Glück hat der grüne Wanzenpanzer die vier gut getarnt und bald geht die Reise weiter Richtung Innenstadt.

Monty reißt die Augen auf. „Ich dachte, auf der Hauptstraße war viel los."

Große Fliegenklatscher laufen kreuz und quer über den Marktplatz. Sie schleppen Einkaufstaschen, kosten Käsewürfel, feilschen mit den Verkäufern und reden laut am Telefon. Andere haben es sich in den Gastgärten gemütlich gemacht. Sie klappern mit dem Kaffeegeschirr, plaudern und lachen, während die kleinen Fliegenklatscher Eis schlecken.

„Heiß ist es hier", schnauft Winnifred.

„Wir brauchen eine Abkühlung!" Filbert steuert auf den Springbrunnen zu und lässt sich im Schatten einer Fisch-Statue nieder.

„Nanu, wo ist der verwilderte Garten?" Smilla schaut sich suchend um.

„Weg", gurrt eine graue Taube. „Für den Monsterbau dort. Sieben Pappeln ist der hoch!"

„Uns ist es ja egal, wir nisten überall", ergänzt eine weiße Taube. „Aber unsere Freunde mussten wegen des Monsterbaus umziehen."

Die weiße Taube seufzt. „Die armen Familien: Fuchs, Marder, Eichhörnchen, Igel und Siebenschläfer. Wo sie wohl ein neues Zuhause gefunden haben?"

„Colombo!", kreischt ein großer Vogel vom Kopf der Statue herunter. „Was machst du für ein Gesicht? Als hätte jemand deine Pizza geklaut?"

Die graue Taube verdreht die Augen. „Kein Benehmen, diese Lachmöwen! Fliegt doch einfach zurück ans Meer! Ihr Störenfriede habt bei uns nichts zu suchen."

„Ach, ihr seid bloß neidisch", kichert die Möwe und plustert sich auf. „Weil die Bambini uns lieber haben!"

„Zeit sich auf den Weg zu machen", sagt Filbert, „bevor wir in den Streit hineingezogen werden."

„Warum war die Taube so unfreundlich?", fragt Monty, als die Freunde an den Marktständen vorbeischwirren. „Ich fand die Lachmöwe lustig." „Vielleicht hat die Taube Angst, dass die fremden Vögel sie verscheuchen oder ihr etwas wegnehmen könnten. Futter zum Beispiel." Filbert deutet auf eine Lachmöwe, die eine Erdbeere aus einer Obstkiste stibitzt.

„Aber es ist doch genug für alle da!", äußert Monty empört. „Und was sind Bimbani?"

„Du meinst Bambini!" Winnifred lacht. „Das heißt Kinder auf Italienisch."

„Nicht rumtrödeln!", ruft Smilla. „Wir haben noch einen weiten Weg vor uns."

Welche Tiere hoffen hier auf ein paar Krümelchen? Lösung S. 29

Filbert, Monty, Winnifred und Smilla haben die lauten Straßen und engen Gassen mit dem Markt und den Geschäften hinter sich gelassen. Vor ihnen glänzt ein großes schmiedeeisernes Tor in der Abendsonne. Dahinter liegt zwischen saftig grünen Gräsern, duftenden Stauden, bunten Blumen und ausladenden Bäumen ein Friedhof. Ein Zaunkönig und ein Rotkehlchen trällern ihre Lieder. In der Ferne gluckert eine Quelle. Zwei Eichhörnchen keckern im Haselnussstrauch.

„Paradiesisch", schwärmt Filbert und düst über die Gräber. Smilla zeigt auf einen Buntspecht, der einen Wurm verschlingt. „Wir kommen gerade recht zur Essenszeit."
Unter einer Linde pickt eine Singdrossel nach einer Schnecke und ein Stieglitz nascht ein paar Samen.
„Zum Glück gibt es hier genug Nahrung für die Schnatterschnäbel", sagt Winnifred und steckt den Saugrüssel in eine Lindenblüte. „Mahlzeit!"
„Du siehst zum Anbeißen aus", wispert Smilla und zwinkert Monty mit zwei ihrer acht Augen zu.
Er quietscht auf. „Das war doch nur Spaß!" Lachend macht Smilla sich auf Beutesuche.

„Das duftet köstlich!" Filbert landet auf einer halb verwesten Amsel. Angewidert verzieht Monty das Gesicht.
„Darf ich zulangen?", fragt Filbert eine andere Fliege, die im Gefieder des toten Vogels ihre Eier ablegt.
„Selbstverständlich", antwortet diese. „Meine Kleinen werden hier genug zu essen haben, wenn sie einmal geschlüpft sind."
Montys Magen knurrt. „Was ist mit mir?"
„Dort drüben finden wir sicher etwas für dich." Filbert deutet auf die Kirche.

Welche Vögel leben hier? Lösung S. 29

Filbert und Monty klappern die Kirche sowie das Pfarrhaus ab.

„Alle Türen und Fenster geschlossen", seufzt Monty und blickt sehnsüchtig durch die Scheibe zum Brotkorb auf dem Tisch. „Vielleicht kommen wir von oben rein." Filbert und Monty fliegen hoch zum Glockenturm. Fahles Licht fällt in den düsteren Raum. Es ist heiß und stickig.

„Gespenstisch hier drinnen", flüstert Monty und drängt sich an Filbert. „Außerdem riecht es eklig. Und das seltsame Rascheln? Ich krieg Gänsehaut."

„Das kommt bloß von den Turmfalken." Filbert schmunzelt. „Das Küken freut sich riesig über den Maus-Schmaus. Deshalb flattert es so aufgeregt."

Filbert und Monty fliegen unter der Glocke durch und landen auf einem Querbalken. „Siehst du irgendwo einen Treppenabgang?" Filbert sucht den Boden ab. „Ich kann gar nichts sehen vor lauter hören", wispert Monty. „Und jetzt spüre ich das Rascheln sogar."

Stimmt! Ein Lufthauch streicht über Filberts Körper und lässt die Haare zu Berge stehen. Irgendetwas ist hier faul.

Filbert linst nach oben und erstarrt. Fledermäuse! An der Decke hängend faltet eine nach der anderen ihre Flügel auseinander. Er schluckt. Für die sind Monty und er bloß Frühstückshäppchen.

„Monty, nicht ausflippen", zischt Filbert und deutet nach oben. „Auf drei düsen wir los."

Doch bevor Filbert zu zählen beginnt, stoßen sich die Fledermäuse von der Decke ab und rauschen über ihre Köpfe.

„DREI!!!!", brüllt Monty und reißt Filbert mit sich in die nächste Mauerritze.

„Puh, das war knapp." Filbert atmet tief durch. „Aber zum Glück bist du ein Meister im Verstecken!"

Erst als es im Turm wieder mucksmäuschenstill geworden ist, kehren sie zum Friedhof zurück.

„Wo wart ihr so lange?", fragt Winnifred. „Habt euch wohl ein besonderes Mahl gesucht?"
Monty schüttelt den Kopf. „Mir ist der Appetit gehörig vergangen!"

Welche Tiere haben hier ihr Zuhause?

Lösung S. 30

Filbert und Monty behalten den dunkel werdenden Himmel im Auge. Sicherheitshalber. Noch einmal möchten sie den nächtlichen Jägern nicht begegnen. Denn hier auf den freien Feldern sind sie leichte Beute für Fledermäuse.

„Schaut mal, der erste Stern", sagt Smilla und biegt in eine Siedlung mit kleinen Gärten und Häusern ein.
Piep, piep tönt es aus dem Gras. *Quak, quak* klingt es vom Teich. *Knister, knister* kommt es aus dem Komposthaufen. *Tsss, tsss* schallt es neben Filberts Ohr.
„Wer spielt dieses schöne Abendkonzert?", wundert sich Monty.

An einem seidenen Faden hängend springt Smilla von Zweig zu Zweig. Filbert und Monty sausen über Beete mit Kartoffeln, Spinat, Bohnen, Zwiebeln und Knoblauch.
„Igitt! Was verpestet hier die Luft?" Filbert rümpft den Rüssel.
„Ich bin's nicht," antwortet Winnifred schnell.
„Basilikum und Minze," sagt Smilla. „Die Zweibeiner wollen dich und deine Verwandten fernhalten, Filbert."
„Als ob die Fliegenklatschen nicht genug wären," murrt Monty.
„Dabei gibt es hier so viele Leckereien." Winnifred schlürft etwas Saft von den Himbeeren. „Mhmm, Nachspeise!"

Vor einem Garten liegen umgefallene Mülltonnen. Welke Salatblätter, Teebeutel, Blumenerde, Bananenschalen, verrottete Tomaten und andere Obst- und Gemüseabfälle sind auf dem Asphalt verstreut.
„Was für ein Saustall!", schimpft Winnifred.
„Die Übeltäter sind da vorne", sagt Filbert, „am Zaun und auf dem Dach."
„Die haben sich wohl ein Festessen zubereitet." Smilla turnt auf einem Fliederbusch herum.
„Nicht nur die." Monty lacht. „Waschbär und Ratte haben gleich mitgenascht."

20

Welche Tiere tummeln sich hier?

Lösung S. 30

Welche Tiere sind hier nachts unterwegs?

Lösung S. 31

„Bald haben wir's geschafft", sagt Smilla zu Filbert. „Wir müssen nur noch an den alten Fabriken
vorbei." Rauchfänge und Kräne ragen schwarz in den Nachthimmel.
„Die sehen aus wie Riesen", staunt Monty.
„Wie Riesen, die nach den Sternen greifen," ist auch Filbert beeindruckt.

Der Mond wirft ein silbriges Licht auf die verrosteten Fabrikdächer. Bäume und Sträucher wachsen
aus kaputten Fenstern und Türen. *Huhu, huhu* tönt es aus dem Geäst.
Ein Igel klettert über einen morschen Fensterrahmen, der an einem verfallenen Gebäude lehnt.
Dahinter wühlen Wildschweine in der feuchten Erde.
Leise schnatternd landen zwei Graugänse vor einer verlassenen Lagerhalle. Dort haben sich ihre
Familien und Freunde bereits zum Schlafen niedergelassen. Ihre Köpfe haben sie unter die Flügel
gesteckt.

„Meine Augen fallen auch schon zu", murmelt Monty. Winnifred gähnt laut. Auf den letzten Metern
sind die beiden immer langsamer geworden.
Filbert zeigt auf eine Schnirkelschnecke. „Die wird euch noch überholen."

„Platz da!" Ein Hornissenschwarm jagt an ihnen vorbei und verschwindet in der Dunkelheit.
„Was hat die denn gestochen?", fragt Monty erschrocken. Das Nachtpfauenauge, das eben noch aus
einer Nachtkerze getrunken hat, zuckt mit den Flügeln. „Hauptsache, die sind nicht hinter uns her."
„Ich hätte nicht gedacht", sagt Winnifred, „dass noch so viele Tiere wach sind."
„Ob die ebenfalls zum Lichterfest wollen?", fragt Monty.
„Das werden wir bald wissen", antwortet Filbert.

Kennst du die unterschiedlichen Bäume?

Lösung S. 31

„Willkommen im Auwald", lächelt Smilla. Dunkelgrün stehen Buchen, Eichen und Erlen dicht an dicht. Nur einzelne Sterne blitzen durch die Baumkronen. Es riecht nach Moos, Holz und Pilzen. Über Steine und Wurzeln plätschern Bäche. Blätter wispern im Wind, als würden sie sich Gutenachtgeschichten zuflüstern.

„Zauberhaft", flötet Monty und segelt verträumt zum Fluss. „Wie im Märchen." „In dem gleich jemand gefressen wird", warnt Filbert, „wenn er nicht aufpasst." Im seichten Wasser lauern Grasfrösche und Flusskrebse. Nicht weit vom Ufer schnellt ein Hecht aus den Fluten.
„AAAAAAAHHHHHHH!" Monty rast zurück zu den anderen. Keuchend bremst er neben Filbert ab. „Und wo ist jetzt dieses Lichterfest?"

„Seht doch!" Smillas acht Augen weiten sich. Auch Filbert fühlt sich hibbelig und kribbelig. Goldgelbe Lichtpunkte scheinen sich vom Nachthimmel zu lösen, tanzen anmutig zwischen den Baumstämmen.
„Es geht los!" Winnifreds Schildchen beginnt nervös zu klappern. „Pups-Alarm", zischt Monty. „Nase zuha–" „Hat es dir die Sprache verschlagen?" Ein Käfer mit leuchtendem Hinterteil schwirrt um Monty herum. „Hey Leute, der hier hat noch nie ein Glühwürmchen gesehen!"
Wie eine glitzernde Wolke bewegt sich der Schwarm auf Filbert, Monty, Winnifred und Smilla zu und hüllt die vier in warmes Licht.
Aaah und *Oooh* tönt es durch die Nacht. Die vier Freunde kommen aus dem Staunen gar nicht heraus.
„Ich fühle mich, als wäre ich bei den Sternen gewesen", murmelt Filbert im Morgengrauen.
„Danke, dass ihr mich hierher gebracht habt!" Strahlend vor Glück umarmt Winnifred die drei und macht sich schließlich auf den Heimweg.

„Das ist der schönste Auwald, den ich je gesehen habe", sagt Monty verzückt.
„Du meinst, der einzige ..." Filbert grinst breit. „Bist wohl noch nie in Leipzig gewesen", murmelt ein Distelfalter schlaftrunken. „Der Auwald dort ist einer der herrlichsten Orte, die ich bereist habe"
Filbert spitzt die Ohren. „Leipzig? Moment mal ..." „Reisen muss wunderbar sein", seufzt Monty.
„Und spannend!" Smillas acht Augen funkeln. „Worauf warten wir noch?" Filbert dreht zwei Loopings.
Doch Monty und Smilla blicken ihn bloß verständnislos an.
„Auf nach Leipzig!", jauchzt Filbert. „In ein neues Abenteuer."
Smilla runzelt die Stirn. „Das ist viel zu weit."
„Und meine Flügel sind ganz schwer", stöhnt Monty.
„Dann", raunt Filbert verschwörerisch, „nehmen wir einfach den Zug!"

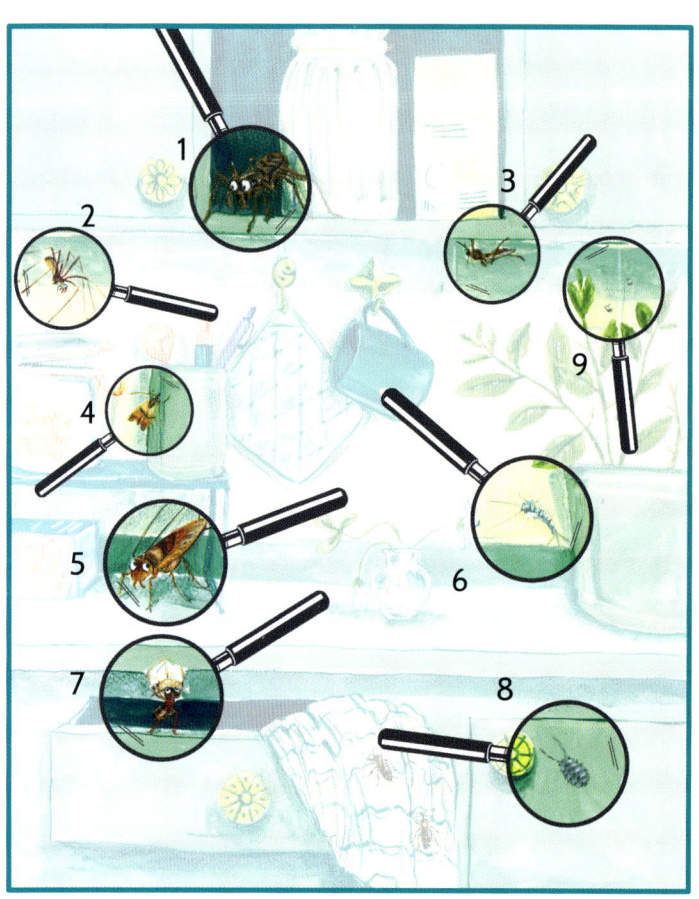

In der Küche (Seite 3)

1 Hausspinne

2 Große Zitterspinne

3 Stechmücke

4 Dörrobstmotte

5 Deutsche Schabe

6 Silberfisch

7 Braune Wegameise

8 Kellerassel

9 Trauermücken

Auf dem Balkon (Seite 5)

1 Gurke

2 Kumquat

3 Chili

4 Mangold

5 Tomate

Über den Dächern (Seite 7)

1 Mauersegler

2 Weißstorch

3 Stadttauben

4 Turmfalke

Auf dem Schulweg (Seite 9)

1 Gänseblümchen

2 Spitzwegerich

3 Rotklee

4 Sauerklee

5 Löwenzahn

6 Hasenklee

7 Spießmelde

8 Wilde Malve

9 Dunkle Königskerze

10 Wilde Möhre

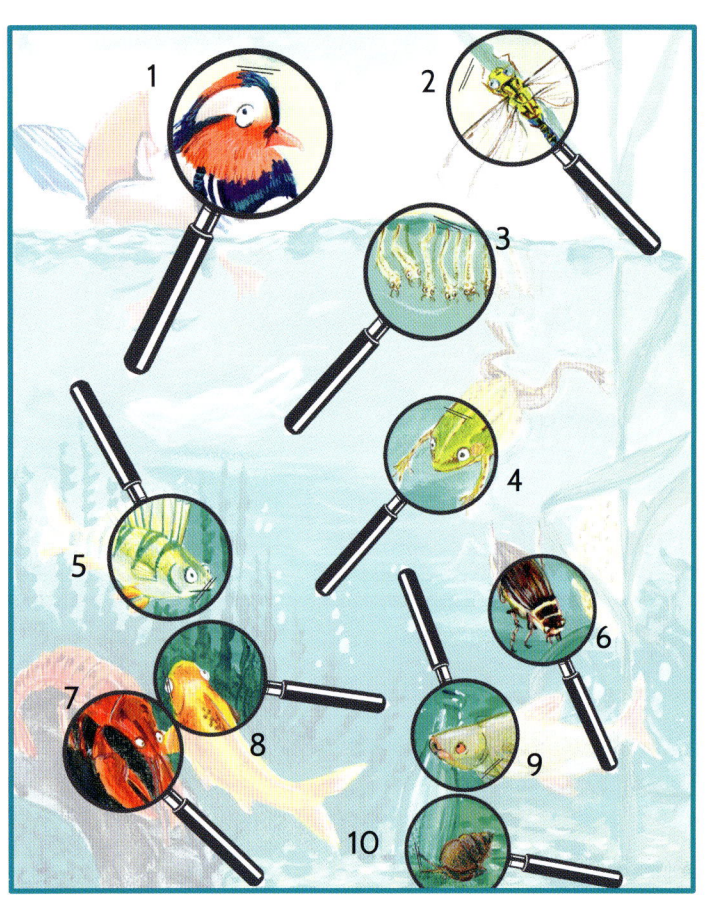

Am Teich (Seite 10)

1 Mandarinente

2 Blaugrüne Mosaikjungfer

3 Mückenlarven

4 Kleiner Wasserfrosch

5 Flussbarsch

6 Gelbrandkäfer

7 Amerikanischer Sumpfkrebs

8 Goldfisch

9 Plötze

10 Schnauzenschnecke

An den Gleisen (Seite 12)

1 Götterbaum

2 Schmetterlingsflieder

3 Kanadische Goldrute

4 Japanischer Knöterich

In der Innenstadt (Seite 15)

1 Halsbandsittich

2 Deutsche Wespe

3 Eichhörnchen

4 Dohle

5 Stadttaube

6 Lachmöwe

7 Haussperling

Auf dem Friedhof (Seite 17)

1 Bluthänfling

2 Stieglitz

3 Buchfink

4 Amsel

5 Singdrossel

6 Zaunkönig

7 Gartenrotschwanz

8 Grünspecht

9 Schwanzmeise

10 Rotkehlchen

11 Gimpel

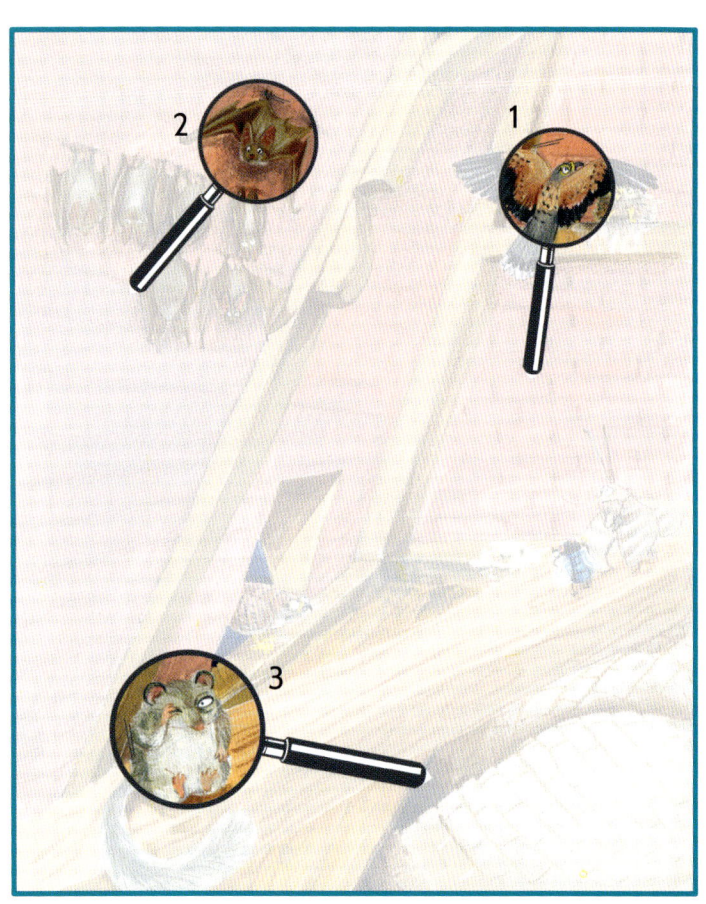

Im Glockenturm (Seite 19)

1 Großes Mauseohr

2 Fledermaus

3 Siebenschläfer

Im Garten (Seite 21)

1 Steinmarder

2 Großer Abendsegler

3 Rotfuchs

4 Fischreiher

5 Waschbär

6 Rote Wegschnecke

7 Maulwurf

8 Ratte

9 Igel

10 Brandmaus

11 Wasserläufer

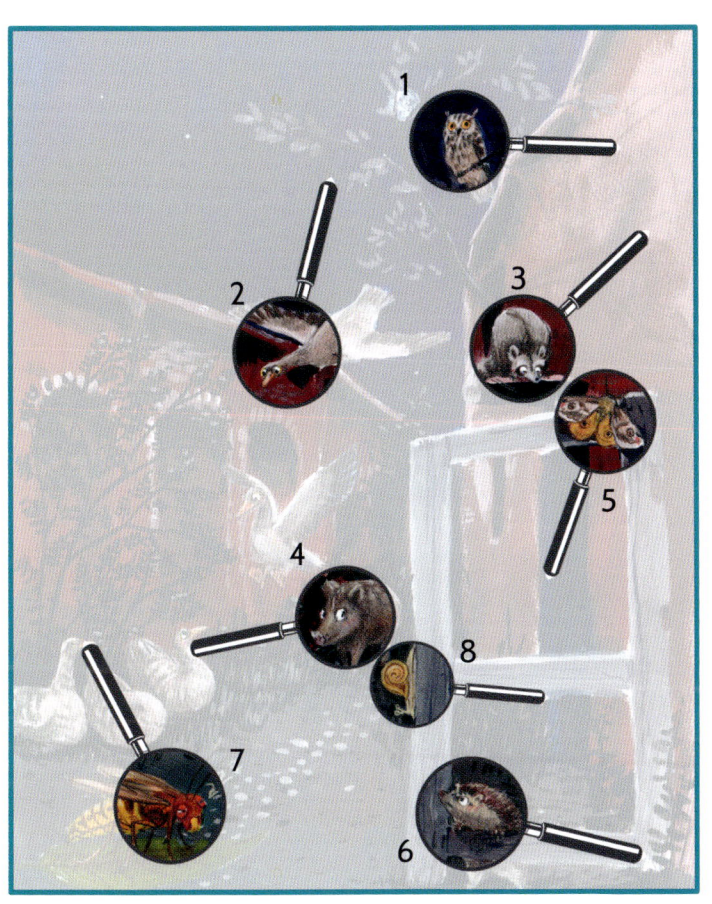

Auf dem Fabrikgelände (Seite 22)

1 Uhu

2 Graugans

3 Waschbär

4 Wildschwein

5 Nachtpfauenauge

6 Igel

7 Hornisse

8 Gartenschnirkelschnecke

Im Auwald (Seite 24)

1 Ahorn

2 Eiche

3 Buche

4 Linde

5 Erle

Kreative Köpfe

Sabi Kasper lebt in Pressbaum am Hauptkamm des schönen Wienerwaldes. Seit 1990 arbeitet sie mit großer Freude mit Kindern und Jugendlichen – aktuell als Kinderbuchautorin sowie Klinische Psychologin und Zaubertherapeutin® in freier Praxis. Sie schreibt Prosa und Lyrik, tanzt mit Leidenschaft Flamenco und liebt lange Waldspaziergänge. Bei letzteren hat sie schon so manche Geschichte in Baumkronen, zwischen Wurzelstöcken, im Eichenlaub und unter Brombeersträuchern entdeckt.

Nicole Pustelny lebt in Leipzig und hatte die Idee zu diesem Buch. Seit einigen Jahren beschäftigt sie sich mit den kleinen sechsbeinigen Nachbarn in ihrem städtischen Vorgarten. Sie hat sich selbst von der wilden Vielfalt in der Stadt überzeugt. Dabei musste sie sich eingestehen, wie viele Vorurteile sie durch Unwissenheit dem Lebensraum Stadt gegenüber hatte. Ihr Ziel: Neugier schüren! In den Kindern, die noch Lust haben, die Welt zu entdecken, und in den Erwachsenen, die sie begleiten.

ENTDECKE & STAUNE!
Noch mehr neunmalkluge Bücher für
kleine Naturforscher*innen

Erlebe den Wald mit allen Sinnen
Sabi Kasper | Nicole Pustelny
Ein Buch über den Wald, Achtsamkeit
und die Sinne
ISBN: 978-3-945677-17-9

Guck mal, wer lebt im Wald?
Entwickelt von der
Deutschen Wildtier Stiftung
Unser Naturführer in Bildern
ISBN: 978-3-945677-06-3

Liebe Hortensia,

hier ist Filbert! Sicher wunderst du dich, wo
Monty, Smilla und ich abgeblieben sind. Wir
sind am Bahnhof. Stell dir vor, gleich steigen
wir in den Zug nach Leipzig!
Smilla will uns einen Fensterplatz suchen,
damit wir während der Fahrt hinausgucken
können. Und Monty ist sooo aufgeregt, dass
er nicht mal ein paar Nüsse mag.
Ich muss los, sonst fährt der Zug ohne mich!

Vorfreudige Grüße,
Filbert, Monty & Smilla

An _____
Hortensia _____
Lindenallee 23/17 _____
_____ 11. _____
12321 Kle _____

Liebe Hortensia,

wir sind im Leipziger Auwald! Wunderschön ist
es hier. Rehe äsen in der Dämmerung auf den
saftigen Wiesen. Maulwürfe stecken ihre rosa
Rüssel aus den Erdhügeln. Fischotter tummeln
sich am Fluss. Am Floßgraben hat sich ein
Eisvogel kopfüber ins Wasser gestürzt.
Grandios! Nur die Wildkatzen wollen ihre
Ruhe haben.
Heute besuchen wir die Auwaldstation.

Abenteuerliche Grüße,
Filbert, Monty & Smilla

An _____
Hortensia _____
Lindenallee 23/17 _____
12321 Kleinstadt _____

Liebe Hortensia,

kennst du die „Stadt der Nachtigallen"?
Richtig, das ist Berlin! Da sind wir heute.
Da kiekste, wa? So sagt man hier, wenn
jemand verdutzt ist – so wie du jetzt sicher!
In Berlin schmettern die Nachtigallen ihre
Lieder aus dem Unterholz. Manchmal klingt
es, als würden sie schluchzen. Vielleicht, weil
die Vögel immer weniger Plätze zum Brüten
finden?!

Trällernde Grüße,
Filbert, Monty & Smilla

An _____
Hortensia _____
Lindenallee _____
12321 Kl _____

Liebe Hortensia,

von unserem Abstecher ins Vogelschutzgebiet
des Zwillbrocker Venn war Monty zuerst gar
nicht begeistert. Lauter Fressfeinde, hat er
gejammert. Aber dann ist er den Flamingos
begegnet, die dort im Münsterland leben.
Seither ist für Monty alles rosarot! Er hat
sogar von den Algen genascht, die diese
prächtigen Vögel fressen, um genauso rosarot
zu werden wie sie. Natürlich hat es nicht
geklappt! Das haben Smilla und ich gleich
gewusst. Aber Monty überlegt trotzdem, auch
von den Krebsen zu probieren ...

Rosarote Grüße,
Filbert, Monty & Smilla

An _____
Hortensia _____
Lindenallee 23/17 _____
12321 Kleinstadt _____